古树名木保护条例

中国法治出版社

古树名木保护条例

GUSHU MINGMU BAOHU TIAOLI

经销/新华书店
印刷/保定市中画美凯印刷有限公司
开本/850 毫米×1168 毫米 32 开　　印张/0.75 字数/9 千
版次/2025 年 1 月第 1 版　　2025 年 4 月第 3 次印刷

中国法治出版社出版
书号 ISBN 978-7-5216-5027-3　　定价：5.00 元

北京市西城区西便门西里甲 16 号西便门办公区
邮政编码：100053　　传真：010-63141600
网址：http：//www.zgfzs.com　　**编辑部电话：010-63141673**
市场营销部电话：010-63141612　　**印务部电话：010-63141606**

（如有印装质量问题，请与本社印务部联系。）

目　　录

中华人民共和国国务院令

第 800 号

《古树名木保护条例》已经2025年1月3日国务院第50次常务会议通过，现予公布，自2025年3月15日起施行。

总理　　李强

2025年1月25日

古树名木保护条例

第一条 为了加强对古树名木的保护，推进生态文明建设，传承中华优秀传统文化，制定本条例。

第二条 本条例所称古树，是指树龄100年以上的树木，不包括人工培育、以生产木材为主要目的的商品林中的树木。

本条例所称名木，是指具有重要历史、文化、科学、景观价值或者具有重要纪念意义的树木。

第三条 国家保护古树名木，禁止损害古树名木及其生长环境。

第四条 古树名木保护管理工作坚持中国共产党的领导，坚持保护第一、合理利用、分级管理的原则，构建政府主导、属地负责、社会参与的工作机制。

第五条 全国绿化委员会负责组织领导全国古树名木保护管理工作。国务院林业主管部门、住房城乡建设主管部门（以下统称国务院古树名木主管部门）按照职责分工负责全国古树名木保护管理工作。国务院其他有关部门在各自职责范围内负责古树名木保护管理相关工作。

县级以上地方人民政府应当加强对古树名木保护管理工作的组织领导。县级以上地方人民政府林业主管部门、城市绿化主管部门（以下统称县级以上地方人民政府古树名木主管部门）按照职责分工负责本行政区域内古树名木保护管理工作。县级以上地方人民政府其他有关部门在各自职责范围内负责古树名木保护管理相关工作。

乡镇人民政府、街道办事处以及村民委员会、居民委员会应当协助做好古树名木保护管理相关工作。

第六条 县级以上人民政府开展古树名木保护管理工作所需经费，应当按照财政事权和支出责任划分原则列入本级预算。

国家鼓励通过认捐、认养等多种形式资助古树名木保护事业。

第七条 国家鼓励、支持古树名木保护科学研究和先进技术推广应用，提高古树名木保护管理水平。

国务院有关部门、县级以上地方人民政府及其有关部门应当采取多种形式，组织开展古树名木保护宣传教育，传承古树名木文化，增强全社会的古树名木保护意识，营造保护古树名木的良好社会氛围。

第八条 对古树按照下列标准实行分级保护：

（一）树龄500年以上的，实行一级保护；

（二）树龄300年以上不满500年的，实行二级保护；

（三）树龄100年以上不满300年的，实行三级保护。

省、自治区、直辖市人民政府根据实际情况，可以决定对城市内树龄300年以上不满500年的古树实行一级保护、树龄100年以上不满300年的古树实行二级保护。

对名木均实行一级保护，不受树龄限制。

第九条 全国绿化委员会每10年组织开展一次全国古树名木资源普查。普查间隔期内，县级以上地方人民政府古树名木主管部门适时开展古树名木资源补充调查。在普查、补充调查以及古树名木认定等工作中，县级以上地方人民政府古树名木主管部门可以组织开展古树名木鉴定。

国家鼓励单位、个人提供古树名木资源信息。

第十条 县级以上地方人民政府古树名木主管部门根据古树名木资源普查、补充调查结果认定古树名木，报本级人民政府批准后依法公布。

实行一级保护的古树和名木由省、自治区、直辖市人民政府古树名木主管部门认定，实行二级保护、三级保护的古树分别由设区的市级、县级人民政府古树名木主管部门认定。

对在一定区域内集中生长形成的古树群体，可以实行整体保护，并按照涉及古树名木的最高保护等级，由相应的地方人民政府古树名木主管部门认定为古树群，报本级人民政府批准后依法公布。

古树名木的认定和公布实行动态管理。

古树名木认定和分级保护管理的具体办法由国务院古树名木主管部门规定。

第十一条 县级以上地方人民政府古树名木主管部门应当建立古树名木档案，并按照有关规范和要求，对古树名木设立保护标志，建设相应的保护设施，采取相应的保护措施。

县级人民政府应当按照国务院古树名木主管部门的规定，划定古树名木保护范围，并依法公布。

古树名木保护范围划定后，应当及时纳入国土空间规划实施监督信息系统。

因生态保护等公共利益需要，造成古树名木相关权利人合法权益受到损害的，县级以上地方人民政府应当依法给予补偿；涉及属于集体所有、私人所有的古树名木的，县级以上地方人民政府可以采取措施合理照顾有关单位、个人的利益。

第十二条 县级人民政府古树名木主管部门应当

按照有利于加强古树名木日常养护的原则，明确有关单位、个人作为古树名木的日常养护责任人，与日常养护责任人签订日常养护协议，根据古树名木权属情况、保护等级、养护状况、养护费用等，明确双方权利义务。

对在古树名木保护管理工作中作出突出贡献的单位、个人，按照国家有关规定给予表彰和奖励。

第十三条 县级人民政府古树名木主管部门应当加强对日常养护责任人的技术指导和培训，提高日常养护责任人的科学养护能力。日常养护责任人应当严格履行养护义务，对损害古树名木及其生长环境的行为应当予以制止。

日常养护责任人发现古树名木遭受损害或者出现生长异常等情形的，应当及时报告县级人民政府古树名木主管部门，县级人民政府古树名木主管部门应当及时组织现场调查，并对所涉古树名木采取救治、复壮等措施。

第十四条 禁止采伐古树名木。

因重大植物疫情防控、抢险救灾等特殊紧急情形，依法采取应急处置措施采伐古树名木的，县级人民政府有关部门应当及时通知县级人民政府古树名木主管部门。县级人民政府古树名木主管部门应当在应急处置工作结束后30日内将有关情况逐级报告至省、自治区、直辖市人民政府古树名木主管部门。涉及实行一级保护的古树和名木的，省、自治区、直辖市人民政府古树名木主管部门应当报告国务院古树名木主管部门。

第十五条 古树名木原则上实行原地保护，不得移植。有下列情形之一，确需移植古树名木的，建设单位应当提出移植申请并提交相应的移植和养护方案，按照涉及古树名木的最高保护等级，经认定该古树名木的县级以上地方人民政府古树名木主管部门审核并报本级人民政府批准：

（一）国家能源、交通、水利、军事设施等重点建设项目选址确实无法避让古树名木；

（二）省、自治区、直辖市能源、交通、水利等重点建设项目选址确实无法避让实行二级保护、三级保护的古树；

（三）其他基础设施建设项目选址确实无法避让实行三级保护的古树。

古树名木的生长状况可能危害公众生命安全，采取修剪、支撑等防护措施仍无法消除安全隐患的，由县级人民政府古树名木主管部门提出相应的移植和养护方案，按照管理权限报有关人民政府批准。

第十六条 移植古树名木应当就近实施。

古树名木移植，属于本条例第十五条第一款规定情形的，移植费用和移植后5年内的养护费用由建设单位承担；属于本条例第十五条第二款规定情形的，移植费用和移植后5年内的养护费用由有关县级人民政府承担。

第十七条 任何单位、个人不得实施下列损害古树名木及其生长环境的行为：

（一）买卖、运输、加工非法采伐、移植的古树名木；

（二）挖根、剥损树皮、过度修剪枝干；

（三）向古树名木灌注有毒有害物质；

（四）在古树名木保护范围内铺设非通透性硬化地面、使用明火、堆放重物、倾倒易燃易爆物品或者有毒有害物质；

（五）在古树名木上刻划、架设线缆、缠绕或者悬挂物体等，攀爬古树名木；

（六）破坏古树名木保护设施、保护标志；

（七）其他损害古树名木及其生长环境的行为。

第十八条 建设项目选址、建设，应当避开古树名木保护范围；因特殊情况不能避开，确需在古树名木保护范围内新建、扩建建筑物、构筑物或者铺设管线的，应当在施工前报告县级以上地方人民政府古树名木主管部门，并按照要求采取必要的工程措施，尽可能减轻对古树名木及其生长环境的损害。

古树名木保护范围内已有的建筑物、构筑物、管线等，不符合古树名木保护要求的，县级人民政府应当有计划地组织治理。

古树名木保护与文物保护相关时，由县级以上地方人民政府古树名木主管部门和文物主管部门共同制定保护措施。

第十九条　在不损害古树名木及其生长环境的前提下，可以开展下列活动：

（一）合理利用古树名木资源开展保护技术、遗传育种、生物学等科学研究，推广应用科研成果；

（二）结合历史文化名镇名村、历史文化街区、传统村落以及传统节庆、民俗，挖掘古树名木的历史和文化价值；

（三）开展科普宣教，促进古树名木资源与生态旅游融合发展；

（四）古树名木属于传统经济树种的，相关权利人依法开展必要的生产经营活动。

第二十条　古树名木死亡的，由认定该古树名木的县级以上地方人民政府古树名木主管部门组织确认、查明原因并提出处置意见报本级人民政府；具有原地保留价值的，予以保留，并根据实际情况采取必要的保护措施。

第二十一条 县级以上地方人民政府古树名木主管部门应当建立古树名木分级保护巡查制度，根据古树名木的保护等级、分布地域、长势情况等确定巡查周期，定期开展巡查。

对位于偏远地区和交通不便地区的古树名木，县级以上人民政府古树名木主管部门可以利用大数据、卫星遥感、无人机等技术手段开展动态监控。

国家鼓励单位、个人举报、制止损害古树名木及其生长环境的行为。

第二十二条 国务院古树名木主管部门应当建立古树名木保护管理信息平台。

县级以上地方人民政府古树名木主管部门应当及时将本行政区域内的古树名木数据信息归集至古树名木保护管理信息平台。

第二十三条 县级以上人民政府古树名木主管部门依照本条例规定，按照职责分工对古树名木保护管理等活动进行监督检查，有权采取下列措施：

（一）询问被检查单位、个人，要求其对与监督检查事项有关的情况作出说明；

（二）进行现场检查；

（三）查阅、复制有关文件、资料，对可能被转移、销毁、隐匿或者篡改的文件、资料予以封存；

（四）查封、扣押涉嫌违法活动的场所、设施或者财物。

县级以上人民政府古树名木主管部门依法进行监督检查，有关单位、个人应当予以配合，不得拒绝、阻碍。

第二十四条　对古树名木保护管理工作不力、问题突出的地区，国务院古树名木主管部门可以约谈有关地方人民政府及其有关部门主要负责人，要求其采取措施及时整改。

古树名木保护管理情况，应当纳入领导干部自然资源资产离任审计。

第二十五条　国务院古树名木主管部门、县级以上地方人民政府及其古树名木主管部门、其他有关部门的工作人员在古树名木保护管理工作中滥用职权、玩忽职守、徇私舞弊的，依法给予处分。

第二十六条　违反本条例规定，采伐、移植古树名木的，由县级以上地方人民政府古树名木主管部门责令停止违法行为、采取补救措施，没收违法所得，并依照下列规定处以罚款：

（一）涉及实行一级保护的古树和名木的，处每株50万元以上100万元以下的罚款；

（二）涉及实行二级保护的古树的，处每株20万元以上50万元以下的罚款；

（三）涉及实行三级保护的古树的，处每株10万元以上20万元以下的罚款。

违反本条例规定，损害古树名木及其生长环境，造成古树名木死亡的，依照前款规定处罚。

第二十七条 有本条例第十七条第一项、第二项、第三项、第四项规定行为之一的，由县级以上地方人民政府古树名木主管部门责令停止违法行为、采取补救措施，没收违法所得，并处1万元以上10万元以下的罚款；拒不停止违法行为、不采取补救措施或者造成严重后果的，并处5万元以上20万元以下的罚款。

有本条例第十七条第五项、第六项、第七项规定行为之一的，由县级以上地方人民政府古树名木主管部门责令停止违法行为、采取补救措施，没收违法所得，可以并处1万元以下的罚款；拒不停止违法行为、不采取补救措施或者造成严重后果的，并处1万元以上10万元以下的罚款。

第二十八条 违反本条例第十八条第一款规定的，由县级以上地方人民政府古树名木主管部门责令停止违法行为、限期恢复原状或者采取其他补救措施，没收违法所得；拒不停止违法行为、逾期不恢复原状、不采取其他补救措施或者造成严重后果的，依照下列规定处以罚款：

（一）涉及实行一级保护的古树和名木的，处每株20万元以上50万元以下的罚款；

（二）涉及实行二级保护的古树的，处每株10万元以上20万元以下的罚款；

（三）涉及实行三级保护的古树的，处每株5万元以上10万元以下的罚款。

第二十九条　违反本条例规定，给他人造成损失的，依法承担赔偿责任；构成违反治安管理行为的，依法给予治安管理处罚；构成犯罪的，依法追究刑事责任。

第三十条　本条例自2025年3月15日起施行。

司法部、自然资源部、住房城乡建设部、国家林草局负责人就《古树名木保护条例》答记者问

2025 年 1 月 25 日，国务院总理李强签署第 800 号国务院令，公布《古树名木保护条例》（以下简称《条例》），自 2025 年 3 月 15 日起施行。日前，司法部、自然资源部、住房城乡建设部、国家林草局负责人就《条例》有关问题回答了记者提问。

问：请简要介绍一下《条例》出台的背景。

古树名木是极其珍贵的自然历史遗产，具有重要的历史、文化、生态等价值，被誉为“绿色的国宝”“有生命的文物”。习近平总书记高度重视古树名木保护工作，多次作出重要指示批示，强调要把古树名木保护好，把中华优秀传统文化传承好，为做好古树名木保护工作提供了根本遵循。党的十八大以来，在习近平生态文明思想指引下，古树名木保护工作取得了长足进步。第二次全国古树名木资源普查结果显示，

我国普查范围内的古树名木共计 508.19 万株，分布在城市的有 24.66 万株，分布在乡村的有 483.53 万株。

但是，当前古树名木保护工作仍存在一些亟待解决的问题，如违法采伐、移植、损害古树名木的行为时有发生，少数地方古树名木保护责任落实不到位，城乡之间、地区之间古树名木保护管理要求不统一等，亟需在总结实践经验的基础上制定专门行政法规，建立完善古树名木保护管理制度，为古树名木保护提供坚实法治保障。

问：制定《条例》的总体思路是什么？

《条例》坚持以习近平新时代中国特色社会主义思想为指导，全面贯彻落实习近平生态文明思想，在总体思路上主要把握了以下几点：一是坚持科学保护，突出原地保护，聚焦损害古树名木及其生长环境的典型问题，压实保护责任，形成工作合力。二是强化分级管理，针对不同树龄的古树名木，在全面保护的基础上规定更有针对性的保护措施，注重管养结合。三是统筹保护和发展之间的关系，在不破坏古树名木资源的前提下允许合理开展生态旅游、科学研究，实现保护与发展良性循环。四是注重文化传承，通过古树名木保护宣传教育，合理发挥古树名木的历史和文化价值，促进中华优秀传统文化传承。

问：《条例》对政府及其有关部门在古树名木保护管理职责分工方面作了哪些规定？

《条例》规定，一是全国绿化委员会负责组织领导全国古树名木保护管理工作。国务院林业主管部门、住房城乡建设主管部门按照职责分工负责全国古树名木的保护管理工作。国务院其他有关部门在各自职责范围内负责古树名木保护管理相关工作。二是县级以上地方人民政府应当加强对古树名木保护管理工作的组织领导。县级以上地方人民政府林业主管部门、城市绿化主管部门按照职责分工负责本行政区域内古树名木保护管理工作。县级以上地方人民政府其他有关部门在各自职责范围内负责古树名木保护管理相关工作。三是乡镇人民政府、街道办事处以及村民委员会、居民委员会应当协助做好古树名木保护管理相关工作。

问：《条例》对古树名木分级分类和认定公布是怎样规定的？

《条例》规定，古树是指树龄100年以上的树木，不包括人工培育、以生产木材为主要目的的商品林中的树木；名木是指具有重要历史、文化、科学、景观价值或者具有重要纪念意义的树木。《条例》对树龄500年以上、300年以上不满500年、100年以上不满300年的古树，分别实行一级、二级、三级保护；对名木均实行一级保护；考虑到部分城市实际，允许省级人民政府对城市古树实行提级保护；对在一定区域内集中生长形成的古树群实行整体保护。关于古树名木普查、认定和公布程序，《条例》规定，全国绿化委员会定期组织开展全国古树名木资源普查，县级以上地方人民政府古树名木主管部门适时开展古树名木资源补充调查；县级以上地方人民政府古树名木主管部门根据调查结果认定古树名木，报本级人民政府批准后依法公布。

问：《条例》对古树名木日常养护管理是怎么规定的?

《条例》规定，县级人民政府古树名木主管部门应当按照有利于加强古树名木日常养护的原则，明确有关单位、个人作为古树名木的日常养护责任人；与日常养护责任人签订日常养护协议，根据古树名木权属情况、保护等级、养护状况、养护费用等，明确双方权利义务。日常养护责任人应当严格履行养护义务，制止损害古树名木及其生长环境的行为，发现古树名木遭受损害或者生长异常的，应当及时报告，县级人民政府古树名木主管部门应当及时调查，并采取救治、复壮等措施。为调动日常养护责任人的积极性，《条例》规定，对在古树名木保护管理工作中作出突出贡献的单位、个人，按照国家有关规定给予表彰和奖励。

问：《条例》对采伐和移植古树名木作了哪些规定？

《条例》规定，除特殊紧急情形外，禁止采伐古树名木；依法采取应急处置措施采伐古树名木的，县级人民政府古树名木主管部门应当将有关情况逐级报告至省级人民政府古树名木主管部门；涉及采伐实行一级保护的古树和名木的，还应当报告国务院古树名木主管部门，接受事后监督。为规范古树名木移植，《条例》规定，古树名木原则上实行原地保护，不得移植；对于国家级、省级能源、交通、水利等重点建设项目以及其他基础设施建设项目选址确实无法避让古树名木，以及古树名木的生长状况可能危害公众生命安全且采取措施仍无法消除隐患，确需移植的，规定了严格的审批程序。对违反保护规定的行为人，《条例》规定了严格的法律责任。

问：《条例》对传承古树名木文化是怎么规定的？

古树名木具有深厚的历史文化内涵，保护古树名木是传承中华优秀传统文化的重要途径。为保障古树名木文化延绵不息，《条例》规定，国务院有关部门、县级以上地方人民政府及其有关部门应当采取多种形式，组织开展古树名木保护宣传教育，传承古树名木文化，增强全社会的古树名木保护意识。为统筹古树名木保护与经济社会发展，《条例》规定，结合历史文化名镇名村、历史文化街区、传统村落以及传统节庆、民俗，挖掘古树名木的历史和文化价值，促进古树名木资源与生态旅游融合发展。

问：在强化保障和监督管理方面，《条例》作了哪些规定？

古树名木保护需要长期稳定的资金支持，为强化古树名木保护投入保障，《条例》规定，县级以上人民政府应当将开展古树名木保护管理工作所需经费列入本级预算；国家鼓励通过认捐、认养等多种形式资助古树名木保护事业。为加强对古树名木保护的监督管理，将古树名木保护管理情况纳入领导干部自然资源资产离任审计，加强对古树名木保护管理工作的激励约束；对古树名木保护管理工作不力、问题突出的地区，可以约谈有关地方人民政府及其有关部门主要负责人，要求其采取措施及时整改。

问：为确保《条例》顺利实施，需要做好哪些工作？

下一步，司法部、自然资源部、住房城乡建设部、国家林草局将会同有关部门抓好《条例》的贯彻实施。一是加强学习宣传。通过举办培训班、专家解读、组织开展科普宣传周等方式，加强对《条例》的宣传解读，帮助行业主管部门以及其他有关部门工作人员、日常养护责任主体以及社会公众等更好掌握《条例》内容，确保《条例》得到准确理解和严格执行。二是完善配套制度。及时制定古树名木认定和分级保护管理的具体办法，完善古树名木普查和鉴定、管护技术规范，指导地方结合本地实际制修订地方性法规、规章，形成协调统一的古树名木保护管理制度体系。三是强化监督检查。自然资源部、住房城乡建设部、国家林草局将加强与公安部等部门协同联动，强化古树名木保护监督执法，加强行刑衔接，形成监管合力，严厉查处违法行为，切实把《条例》规定落到实处。